Cocktails

D1859251

ZABERT SANDMANN

Inhalt

Die eigene Hausbar

Bargeräte zum Mixen

Cocktails umgibt ein Hauch von Glanz und Glamour: Wenn der geübte Barkeeper mit chromblitzenden Bargeräten elegant jeden gewünschten Cocktail shaked, erntet er allseits bewundernde Blicke. Doch so professionell muss es nicht gleich sein, eine kleine Grundausstattung reicht aus, um zu Hause den gleichen Effekt zu erzielen. Der Shaker und das Barsieb sind unverzichtbar, den Messbecher kann fürs Erste auch mal ein Schnapsglas ersetzen. Und ein Fleischklopfer tut am Anfang als Ice Crusher gute Dienste. Richtig stilecht wird es dann, wenn etwas mehr Chrom blitzt, Glas funkelt und jeder Cocktail einen würdigen Rahmen für den großen Auftritt bekommt. Zusätzlich wird er noch garniert mit einem »Sahnehäubchen«: der Garnitur aus frischen Früchten, Zitrusschalen oder Cocktailkirschen.

1

1 Die unverzichtbaren Bargeräte

SHAKER UND BARSIEB: Wer die Wahl hat, hat die Qual: Der Boston Shaker (Bild links) braucht ein extra Barsieb (oben), das Glasteil kann dafür auch als Rührglas verwendet werden. Der Shaker (rechts) hat bereits ein Sieb integriert. Für die gerührten Cocktails braucht man allerdings noch ein extra Rührglas (hohes Glas mit Ausgießschnabel).

MESSBECHER: Genaues Abmessen ist beim Mixen wichtig. Messbecher fassen normalerweise 2 cl, manchmal zusätzlich auch 3 cl.

2 Caipirinha-Set

STÖSSEL UND GLÄSER: Wer wie auf Seite 11 beschrieben Caipirinha & Co. zubereiten will, kann darauf nicht verzichten.

3 Nützliche Helfer

(BAR)MESSER: Ein scharfes Messer gehört in die Bar, um Zitrusfrüchte zu schneiden und Früchte für die Deko in Form zu bringen.

(BAR)LÖFFEL: Wichtig ist ein langer Stiel, um Cocktails auch im Rührglas oder Longdrinkglas umrühren zu können.

EISZANGE: Um Eiswürfel besser greifen zu können, ist eine Zange sehr nützlich.

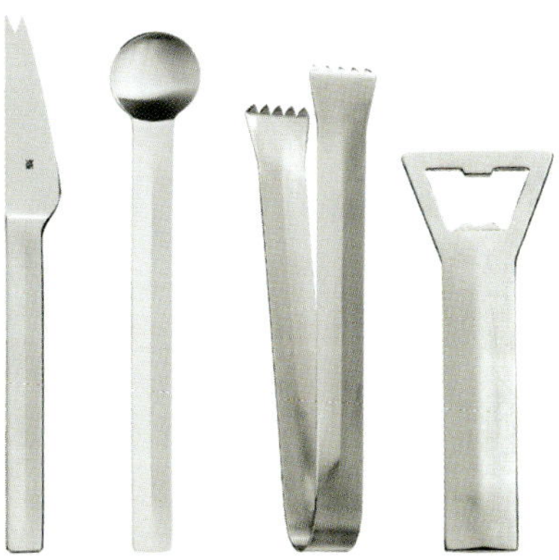

DOSENÖFFNER: und Korkenzieher helfen, um an den Inhalt aller Flaschen zu kommen.

4 Die wichtigsten Gläser

LONGDRINKGLAS: Das schmale, hohe Glas fasst viel Flüssigkeit (ca. 20 cl) und ist das absolute Standardglas in der Bar.

SEKTGLAS: Ob Stielglas oder Sektflöte, alles was sprudelt, wird darin stilvoll serviert.

COCKTAILSCHALE: Das klassische Martiniglas oder die bauchige Variante (ohne Abb.) fasst 10 bis 15 cl und ist beliebt für elegante und eher süße Cocktails. Gestoßenes Eis schmilzt im Stielglas nicht so schnell.

WEINGLAS/STIELGLAS: Nicht nur für Wein geeignet: Es kann auch für Sour oder als Cocktailschalenersatz verwendet werden.

WHISKEYGLAS/TUMBLER: In diesen kurzen, dickwandigen Gläsern sind alle Cocktails mit weniger als 15 cl gut aufgehoben.

SCHNAPSGLAS: Das Glas für alle »Kurzen«, egal ob Limes oder der Verdauungsschnaps.

COCKTAILGLAS: Gibt es in fantasievollen Formen, klein (für ca. 15 cl) und groß (für ca. 30 cl). Milchshakes und Fruchtcocktails finden Platz im großen Cocktailglas.

APERITIFGLAS: Das Aperitifglas fasst im Gegensatz zum Longdrinkglas nur etwa 10 cl und wird zum oberen Rand hin etwas weiter.

5 Die ganz schicken Gläser

Wer Cocktails ganz stilvoll servieren möchte, kann aus einer riesigen Auswahl an edlen Gläsern wählen (z. B. Bar Basso von WMF) und so immer wieder das Flair verschiedener Cocktailbars zu sich nach Hause holen.

5

Wodka, Gin & Co.

Die Welt der edlen Flüssigkeiten

Das Wichtigste in einer Bar sind natürlich die Flüssigkeiten: Spirituosen, Liköre, Sirupe, Säfte und Softdrinks. Wer noch keine große Sammlung besitzt, beginnt mit den »Einsteiger-Drinks«. Aus wenigen Zutaten kann man mit diesen Rezepten bereits überraschend vielseitige – saure, süße, spritzige oder cremige – Cocktails mixen. Doch Sammeln lohnt sich, denn nicht jeder hat ein eindrucksvolles Regal mit Flaschen und Fläschchen vorzuweisen. Jede davon erzählt eine eigene Geschichte von jahrhundertelangen Traditionen der Gärung, Destillation und Lagerung. Alles verpackt in formschönen Flaschen mit klarem oder farbigem Inhalt. Wenn da nicht jeder Gast beeindruckt ist und auf ein oder zwei Gläschen bleibt ...

2

3

1 Basisspirituosen

WODKA: Das russische »Wässerchen« wird teilweise aus Kartoffeln, hochwertiger Wodka aus verschiedenen Getreiden gebrannt. Mehrfache Destillation und Filtration sorgen für milden, annähernd geschmacksneutralen Wodka.

GIN: Die Basis für Gin ist Getreide. Als Aromaträger dienen Wacholder, Koriander, Kräuter und Gewürze.

RUM: Als Grundstoff für die Rumerzeugung dient Melasse. Je nach Herstellungsverfahren und Lagerung ist das Ergebnis weiß oder braun sowie in Geschmack und Alkoholgehalt verschieden.

CACHAÇA: Zuckerrohrbrand aus Brasilien, der im Gegensatz zu Rum aus frischem grünem Zuckerrohr hergestellt wird. Auch die Prozesse der Herstellung und damit der Geschmack unterscheiden sich vom Rum.

TEQUILA: Agavenbrand aus Mexiko. Gebräuchlich ist der weiße Schnaps, durch Lagerung im Eichenfass entsteht der braune bzw. goldfarbene Tequila.

WHISKY/WHISKEY: Getreidebrand, der seinen charakteristischen Geschmack durch gemälztes Getreide (Malt) und Lagerung in Eichenfässern bekommt. Irischen und amerikanischen Whiskey schreibt man mit »e«, schottischen und kanadischen ohne. Zum Mixen verwendet man häufig amerikanischen Bourbon Whiskey, auf Basis von mind. 51 % Mais.

1

COGNAC, WEINBRAND UND PISCO: Sind aus Wein gebrannt. Echter Cognac muss aus der entsprechenden Region Frankreichs kommen, mehrfach destilliert und in Eichenfässern gelagert werden. Südamerikanischer Brandy heißt Pisco, das Nationalgetränk Chiles und Perus.

BLUE CURAÇAO: Bitterer Orangenlikör mit der berühmten blauen Farbe

CREMELIKÖRE: Süße Liköre wie Johannisbeerlikör (Crème de Cassis), weißer und grüner Pfefferminzlikör (Crème de Menthe), weißer und brauner Kakaolikör (Crème de Cacao) und Kokoslikör (z. B. Batida de Coco)

4

2 Champagner, Sekt und Prosecco

Sie sprudeln alle, aber nur Champagner kommt aus der Champagne. Er wird in der Flasche vergoren, wie Sekt teilweise auch. Prosecco wird häufig erst nachträglich mit Kohlensäure versetzt.

3 Liköre und Bitter

AMARETTO: Italienischer Likör mit Mandelaroma und ca. 28 % Vol.

ANISÉES/ABSINTH: Alkoholika mit Anisgeschmack (z. B. Pernod und Ricard). Absinth enthält neben 55 % Vol. noch Wermutauszüge, mit teilweise toxischen Ölen. Die Spirituose war früher verboten.

FRUCHTLIKÖRE: Die Auswahl reicht von Aprikosenlikör (Apricot Brandy), Kirschlikör (Cherry Brandy), Pfirsichlikör (Peach Brandy) bis zu Bitterorangenlikör (z. B. Cointreau).

KAFFEELIKÖRE: Cremige Liköre mit Kaffeegeschmack (z. B. Kahlúa, Tia Maria)

KRÄUTERLIKÖRE: Haben ihren Ursprung im Kloster als Heilmittel. Gewürz- und Kräuterauszüge prägen das Aroma: Die Auswahl reicht von purem Kräutergeschmack (z. B. Fernet Branca, Ramazotti) bis zu Kräuter-Vanille-Geschmack (z. B. Galliano).

WHISK(E)YLIKÖRE: Gibt es von klar (Southern Comfort und Drambuie) bis cremig (Irish Creme Likör, z. B. Baileys)

ANGOSTURA/ORANGE BITTER: Würzsubstanzen, die aus Kräuter- bzw. Orangenextrakten hergestellt werden

CAMPARI/APEROL: Bitteraperitifs aus Italien mit Kräuter- und Zitrusfruchtauszügen. Campari ist bitterer und stärker.

VERMOUTH (WERMUT): Mit Wermutauszügen, Alkohol, Zucker und Wasser versetzter Wein. Auch bekannt als Martini, dem größten Vermouthhersteller. Es gibt die Sorten rosso, bianco und dry.

Sirup

Zucker- und Limettensirup (z. B. Rose's Lime Juice), Grenadine (Granatapfelsirup), Pfefferminzsirup, Kokossirup (Cream of Coconut) und diverse Fruchtsirups sorgen für Süße. Für die blaue Farbe in alkoholfreien Drinks gibt es Curaçao Blue Sirup mit Bitterorangengeschmack.

4 Säfte

Sind nicht nur für alkoholfreie Drinks unverzichtbar. Wenn möglich, sollte man Saft den Vorrang gegenüber Nektar und Fruchtsaftgetränk geben. Er enthält weniger Zucker und mehr Frucht.

Softdrinks

Last but not least gehören auch die Softdrinks in die Bar: Tonic Water und Bitter Lemon sind bitter, Ginger Ale hat eine scharfe Note.

3

Step by Step
zum perfekten Barkeeper

Rühren, schütteln oder im Elektromixer zubereiten? Wenn man ein paar Grundregeln beachtet, ist Cocktails mixen gar nicht schwer. Vermouth (z. B. Martini) wird beispielsweise nicht geschüttelt, auch wenn James Bond es uns anders vormacht: Die enthaltenen Wermutauszüge verlieren beim Schütteln Aroma. Der klassische Martini Cocktail wird deshalb im Rührglas zubereitet. Ein paar Grundregeln sollte man auch bei der Auswahl der Cocktails beachten. So sollte ein Aperitif vor dem Essen immer leicht und spritzig, gerne auch ein bisschen bitter sein. Nach dem Essen darf es dann etwas gehaltvoller werden. Der Nachtisch kann durchaus einmal durch ein sahnig-cremiges Getränk ersetzt werden. Liegt die Mahlzeit schwer im Magen, geht nichts über einen »Kurzen«. Bittere Kräuterliköre und Schnäpse werden schon von jeher als Verdauungshelfer (Digestif) gepriesen. Und wer eine große Runde erwartet, bietet am besten Cocktails an, die sich im elektrischen Mixer zubereiten lassen. Die Rezepte für Frozen Margarita & Co. lassen sich problemlos vervielfachen und versorgen schnell eine ganze Partygesellschaft.

Zuckerrand oder Salzrand herstellen

1 Den Rand des Glases mit einem Zitronenviertel einreiben oder in Zitronensaft tauchen. Für einen farbigen Zuckerrand Sirup oder Likör verwenden.

2 Kristallzucker in einen kleinen Teller geben, den Glasrand darin eintauchen und vorsichtig drehen. Für den Salzrand der Margarita entsprechend Salz verwenden.

3 Überschüssigen Zucker durch vorsichtiges Klopfen am Glas entfernen. Den Drink vorsichtig ins Glas füllen, damit der Zuckerrand nicht zerstört wird.

Rühren im Rührglas

1 Ein Rührglas oder den unteren Teil eines Boston Shakers mit etwa 6 Eiswürfeln füllen. Die Zutaten nacheinander in das Glas füllen.

2 Den Drink mit einem langen Barlöffel umrühren, sodass sich die verschiedenen Zutaten verbinden. Dabei immer von unten nach oben rühren.

3 Den Drink durch ein Barsieb in ein vorgekühltes Glas abgießen. Die Eiswürfel aus dem Rührglas werden nicht mehr weiterverwendet.

Cocktails shaken

1 Den unteren Teil des Shakers mit 4 bis 6 Eiswürfeln füllen. Für 2 Cocktails nur 3 bis 4 Eiswürfel verwenden.

2 Die Zutaten der Reihe nach in den Shaker füllen. Den Shaker nicht ganz füllen, damit sich die Zutaten gut verbinden.

3 Das Glasteil des Shakers fest auf das Metallteil stecken. Den Drink 10 bis 20 Sekunden lang kräftig schütteln.

4 Den Drink durch ein Barsieb in ein passendes Glas füllen und sofort servieren.

Ice crushen

1 Wenn man keinen Ice Crusher hat, Eiswürfel in ein sauberes Küchentuch einschlagen und mit einem Fleischklopfer oder einem Hammer zerkleinern.

2 Sofort für die Zubereitung von Caipirinha, Mojito & Co. verwenden. Noch einfacher und sauberer geht es natürlich mit einem Ice Crusher.

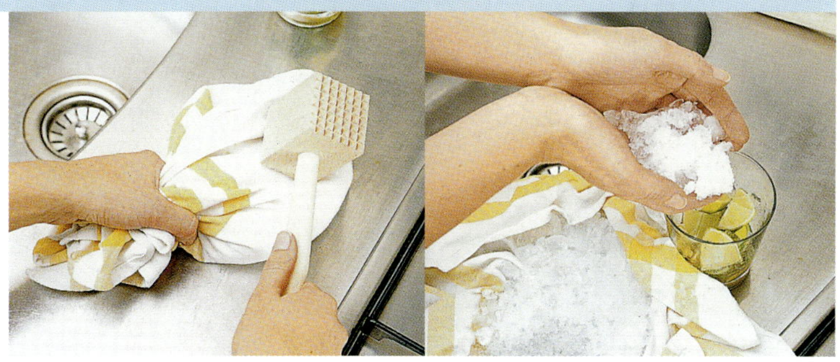

Caipirinha zubereiten

1 Eine Limette heiß abwaschen, abtrocknen und mit einem scharfen Messer achteln.

2 Die Limettenschnitze in ein Caipirinhaglas geben. 1 EL braunen Zucker darüber geben.

3 Mit einem Caipirinha-Stößel die Limettenschnitze gut ausdrücken, bis sich genügend Saft gebildet hat.

4 Das Glas mit crushed ice auffüllen und 5 cl Cachaça darauf gießen. Mit einem Strohhalm servieren.

Einsteiger-Drinks

Wodka Lemon
Cuba Libre

Super easy: Wenn eine Spirituose sich mit einem Softdrink verbindet, ist das Ergebnis überraschend raffiniert, spritzig und frisch

Zutaten

Für den Wodka Lemon:

4 cl **Wodka**

1 cl **Limettensaft**

Bitter Lemon (zum Auffüllen)

Wodka Lemon

FÜR 1 LONGDINKGLAS

1 2 bis 3 Eiswürfel in ein Glas füllen. Zuerst den Wodka, dann den Limettensaft dazugeben. Mit einem Barlöffel umrühren.

2 Den Drink mit Bitter Lemon auffüllen. Nach Belieben einige Limettenschnitze mit ins Glas geben.

Für den Cuba Libre:

½ **Limette**

4 cl weißer oder brauner **Rum**

Cola (zum Auffüllen)

Cuba Libre

FÜR 1 LONGDRINKGLAS

1 2 bis 3 Eiswürfel in ein Glas füllen. Limette nochmals halbieren und den Saft aus beiden Hälften ins Glas drücken. Die Limettenschnitze ebenfalls ins Glas geben.

2 Den Rum über die Limetten gießen. Das Glas mit Cola auffüllen.

3 **Variante:** Anstatt Rum eignet sich auch Cachaça.

COCKTAILSNACK

Für Guacamole das Fruchtfleisch 1 reifen Avocado mit einer Gabel zerdrücken. Den Saft von ½ Limette dazugeben, mit Salz und Cayennepfeffer abschmecken. 1 gehäutete, in Würfel geschnittene Tomate unterziehen. Als Dip zu Nachos servieren.

Melonensekt Aviateur

Vor dem Essen einen Aperitif: Der Auftakt für ein großes Menü sollte immer leicht und spritzig sein, gerne auch mit bitterer Note

Zutaten

Für den Melonensekt:

¼ **Cantaloupmelone**

2 cl **Pernod**

½ TL **Zucker**

eiskalter **Sekt** (zum Auffüllen)

Für den Aviateur:

2 cl **Campari**

4 cl **Grapefruitsaft**

eiskalter **Sekt** (zum Auffüllen)

Melonensekt

FÜR 2 SEKTGLÄSER

1. Das Melonenfleisch aus der Schale lösen und in kleine Würfel schneiden. Das Fruchtfleisch mit dem Pernod und dem Zucker in einem elektrischen Mixer pürieren.
2. Das Melonenpüree in 2 Sektgläser füllen und mit dem kalten Sekt oder ersatzweise mit Prosecco auffüllen.

Aviateur

FÜR 1 APERITIFGLAS

1. 2 bis 3 Eiswürfel in ein Glas geben. Campari und Grapefruitsaft dazugießen und mit einem Barlöffel umrühren.
2. Das Glas mit Sekt oder ersatzweise mit Prosecco auffüllen.
3. **Variante:** Wer es nicht ganz so bitter mag, kann anstatt Campari auch Aperol nehmen.

COCKTAILSNACK

Für Forellencrostini 100 g geräucherte Forelle mit 50 g saurer Sahne und 100 g Speisequark pürieren. Mit 1 TL Meerrettich, Salz und Pfeffer würzen. ½ klein geschnittenen Apfel unterziehen. Creme auf geröstete Toastscheiben streichen.

Caipirovka
mit Wodka

Zubereitung
FÜR 1 WHISKEYGLAS

1 Die Limette heiß abwaschen, trockenreiben und in Stücke schneiden. Limettenschnitze und braunen Zucker in ein Glas geben. Mit einem Stößel wie auf Seite 11 beschrieben gründlich zerstampfen.

2 Den Wodka dazugeben und das Glas mit crushed ice auffüllen. Mit einem Barlöffel umrühren und den Drink mit Strohhalmen servieren.

3 **Varianten:** »Caipirissima« ist die Caipi-Variante mit weißem Rum. Man verwendet dazu anstatt Wodka 6 cl weißen Rum. Für eine ganz sanfte Variante kann man 6 cl Orangenlikör verwenden. Ganz alkoholfrei geht's auch. Dazu 2 cl Limettensirup auf die zerstampften Limetten gießen, das Glas mit crushed ice auffüllen und eiskaltes Mineralwasser darüber gießen.

Zutaten

1 **Limette**

2 TL brauner **Zucker**

6 cl **Wodka**

Zutaten

Saft von 1 **Limette**

je 3 cl weißer und brauner **Rum**

1 cl **Aprikosenlikör**

2 TL flüssiger **Honig**

Limettenscheibe (zum Garnieren)

Rum Swizzle mit Honig

Zubereitung

FÜR 1 COCKTAILSCHALE

1 4 bis 6 Eiswürfel in einen Shaker füllen. Alle Zutaten dazugeben, den Shaker verschließen und alles etwa 15 Sekunden kräftig schütteln.

2 Den Drink durch ein Barsieb in eine Cocktailschale gießen. Eine Limettenscheibe einschneiden und an den Glasrand stecken.

3 **Variante:** Eine ungewöhnliche Geschmacksnote bekommt der Drink durch den Honig. Eine leicht bittere Variante erhält man, wenn man noch 1 Spritzer Angostura mit in den Shaker gibt.

Golden Goal
Aperol Sour

Einfach genial: Mit etwas Improvisationstalent landen Sie selbst im Campingurlaub mit diesen Drinks einen Volltreffer

Zutaten

Für den Golden Goal:

3 cl **Cognac** oder **Weinbrand**

6 cl **Apfelsaft** · 2 cl **Zitronensaft**

Tonic Water (zum Auffüllen)

Golden Goal
FÜR 1 WHISKEYGLAS

1. 2 bis 3 Eiswürfel in ein Glas geben. Cognac, Apfel- und Zitronensaft dazugießen und mit einem Barlöffel umrühren.
2. Den Drink mit Tonic Water auffüllen. Nach Belieben noch mit einem Zweig frischer Minze garnieren.

Für den Aperol Sour:

2 cl **Zitronensaft**

1 cl **Zuckersirup**

5 cl **Aperol**

Aperol Sour
FÜR 1 APERITIFGLAS

1. 4 bis 6 Eiswürfel in einen Shaker füllen. Zitronensaft, Zuckersirup und Aperol dazugeben, den Shaker verschließen und alles etwa 15 Sekunden kräftig schütteln.
2. Den Drink durch ein Barsieb in ein Glas gießen.
3. **Variante:** Zum Aperol Sour passt auch noch gut 1 Spritzer Orange-Bitter.

COCKTAILSNACK

Für gefüllte Tomaten 125 g Mascarpone mit 100 g Gorgonzola, 50 g saurer Sahne und 1 EL Cognac pürieren. Mit Zitronensaft, Salz und Pfeffer abschmecken und 1 EL gehackte Petersilie unterziehen. Die Füllung reicht für 24 Cocktailtomaten.

Batida de Piña
mit Cachaça

Zubereitung
FÜR 1 WHISKEYGLAS

1 Das Ananasfruchtfleisch in Würfel schneiden und mit Zuckersirup, Cachaça und etwa einer Hand voll crushed ice im elektrischen Mixer pürieren.

2 Den Drink in ein Glas gießen. Nach Belieben eine Ananasspalte auf einen Cocktailspieß stecken und den Drink mit dem Cocktailspieß und einem Zweig frischer Minze garnieren.

3 **Varianten:** Anstatt Cachaça eignet sich auch weißer oder brauner Rum für diesen Drink. Für einen Batida de Banana nimmt man anstatt frischer Ananas ½ Banane. Mit 125 g Melonenfruchtfleisch lässt sich ein Batida de Melon herstellen.

Zutaten

125 g **Ananasfruchtfleisch**

1 TL **Zuckersirup**

5 cl **Cachaça**

frische **Ananas** und **Minze** (zum Garnieren)

Zutaten

2 cl **Limettensaft**

8 cl **Orangensaft**

5 cl brauner **Rum**

1 cl **Grenadine**

Orangenscheibe (zum Garnieren)

Planter's Punch

mit braunem Rum

Zubereitung

FÜR 1 LONGDRINKGLAS

1 4 bis 6 Eiswürfel in einen Shaker füllen. Säfte, Rum und Grenadine dazugeben, den Shaker verschließen und alles etwa 15 Sekunden kräftig schütteln.

2 Einige Eiswürfel in ein Glas geben und den Drink durch ein Barsieb dazugießen. Nach Belieben mit einer Orangenscheibe garnieren und mit Strohhalmen servieren.

3 **Variante:** Wer keinen Grenadinesirup hat, kann auch Kirschsaft für den Drink verwenden. Der Drink wird dann etwas weniger süß als mit Grenadine.

Cool Comfort
Mokka Flip

Der **krönende** Abschluss: Diese Cocktails sind der ideale Ausklang für einen **gelungenen** Abend

Zutaten

Für den Cool Comfort:

12 cl **Ananassaft**

2 cl **Zitronensaft**

4 cl **Southern Comfort**

Cool Comfort

FÜR 1 WHISKEYGLAS

1 4 bis 6 Eiswürfel in einen Shaker füllen. Ananassaft, Zitronensaft und Southern Comfort dazugeben, den Shaker verschließen und alles etwa 15 Sekunden kräftig schütteln.

2 Einige Eiswürfel in ein Glas geben und den Drink durch ein Barsieb dazugießen. Nach Belieben mit Limettenschnitzen garnieren.

Für den Mokka Flip:

1 frisches **Eigelb**

2 cl **Sahne**

4 cl brauner **Kakaolikör**

1 Prise **Muskatnuss**

Mokka Flip

FÜR 1 COCKTAILSCHALE

1 Ein Cocktailglas im Tiefkühlfach vorkühlen.

2 Eigelb, Sahne und Kakaolikör in einem elektrischen Mixer mit 4 Eiswürfeln gut durchmixen.

3 Den Mokka Flip durch ein Barsieb in das vorgekühlte Glas gießen. Mit 1 Prise Muskatnuss bestreuen und sofort servieren.

COCKTAILSNACK

Für gefüllte Datteln 100 g Doppelrahmfrischkäse mit einigen Tropfen Zitronensaft, 1 Prise Zimtpulver, 1 EL Cognac und 1 Prise Nelkenpulver cremig rühren. Etwa 25 getrocknete Datteln entsteinen und mit der Frischkäsecreme füllen.

Screwdriver
Batida Orange

Die sonnengereifte Versuchung: Orangensaft mit Schuss kann mal fruchtig-frisch, mal cremig-süß mit feinem Kokosaroma sein

Zutaten

Für den Screwdriver:

4 cl **Wodka**

12 cl frisch gepresster **Orangensaft**

Screwdriver

FÜR 1 LONGDRINKGLAS

1 2 bis 3 Eiswürfel in ein Glas geben. Zuerst den Wodka, dann den Orangensaft dazugeben.

2 Den Drink mit einem Barlöffel oder einem anderen langstieligen Löffel umrühren. Mit einem Strohhalm servieren.

Für den Batida Orange:

6 cl **Orangensaft**

2 cl **Kokoslikör**

2 cl **Sahne**

2 cl weißer **Rum**

Batida Orange

FÜR 1 LONGDRINKGLAS

1 4 bis 6 Eiswürfel in einen Shaker füllen. Orangensaft, Kokoslikör, Sahne und Rum dazugeben, den Shaker verschließen und alles 15 Sekunden kräftig schütteln.

2 In ein Glas 2 bis 4 Eiswürfel geben und den Inhalt des Shakers durch ein Barsieb dazugießen.

3 **Variante:** Noch milder wird der Drink, wenn man anstatt Likör Kokossirup verwendet.

COCKTAILSNACK

Für gratinierte Nachos 250 g Nachos auf einem Backblech verteilen. 150 g milden Käse fein reiben und über die Nachos streuen. Im vorgeheizten Backofen bei 200 °C etwa 5 Minuten überbacken, bis der Käse geschmolzen ist.

Klassiker

Martini Cocktail
Tom Collins

»Geschüttelt und nicht gerührt«: zwei echte Klassiker
für das absolute Hollywood-Feeling

Zutaten

Für den Martini Cocktail:

5 cl gut gekühlter **Gin**

1 cl **Vermouth** dry (z.B. Martini)

1 grüne **Olive** (in Salzlake, ohne Stein)

Martini Cocktail

FÜR 1 COCKTAILSCHALE

1 Eine Cocktailschale im Tiefkühlfach vorkühlen.

2 Gin und Vermouth mit etwa 6 Eiswürfeln in ein Rührglas geben. Mit einem Barlöffel umrühren.

3 Den Drink durch ein Barsieb in das vorgekühlte Glas gießen. Die grüne Olive in den Drink geben.

Für den Tom Collins:

2 cl **Zitronensaft**

1 cl **Zuckersirup**

5 cl **Gin**

Soda (zum Auffüllen)

Tom Collins

FÜR 1 LONGDRINKGLAS

1 3 bis 4 Eiswürfel in ein Longdrinkglas geben. Zitronensaft, Zuckersirup und Gin dazugeben und mit einem Barlöffel kräftig umrühren.

2 Den Drink mit Soda auffüllen. Als Dekoration eine Zitronenscheibe an den Glasrand stecken und nach Belieben mit Zitronengras als Barlöffel servieren.

3 **Variante:** Die Familie der »Collins« ist groß: Auch mit Rum, Whisk(e)y, Cognac, Wodka, Tequila und Pisco lassen sich Brüder des Tom Collins zubereiten.

Kir Royal
Bellini

Klassisch und edel: Sekt, Champagner und Prosecco
sorgen für ein prickelndes Vergnügen

Zutaten

Für den Kir Royal:

1 TL **Johannisbeerlikör**
(Crème de Cassis)
eiskalter **Champagner** oder **Sekt**
(zum Auffüllen)

Kir Royal

FÜR 1 SEKTGLAS

1 Den Likör in ein Sektglas geben und mit Champagner oder Sekt aufgießen. Vorsichtig mit einem Barlöffel umrühren und den Kir Royal sofort servieren.

2 **Variante:** Der »Kir« wird mit trockenem Weißwein anstatt mit Champagner oder Sekt aufgegossen. Den Weißwein ebenfalls gut vorkühlen.

Für den Bellini:

½ vollreifer weißer **Pfirsich**
1 Spritzer **Pfirsichlikör**
(Peach Brandy)
eiskalter **Prosecco** oder **Sekt**
(zum Auffüllen)

Bellini

FÜR 1 SEKTGLAS

1 Die Pfirsichhälfte im elektrischen Mixer pürieren und durch ein Sieb in ein Rührglas streichen. Das Fruchtpüree mit dem Pfirsichlikör und einem Schuss Prosecco oder Sekt vorsichtig verrühren.

2 Das Püree in ein Sektglas geben und mit Prosecco oder Sekt auffüllen.

3 **Variante:** ½ reife Williamsbirne und einen Spritzer Williams Christ anstatt Pfirsich und Pfirsichlikör verwenden.

COCKTAILSNACK

Für umwickelte Grissinistangen 1 Bund Rucola waschen und trockenschütteln. Grissinistangen und einige Blätter Rucola mit je 1 Scheibe Parmaschinken umwickeln. Mit eingelegten getrockneten Tomaten auf Tellern anrichten.

Daiquiri
natural

Zubereitung
FÜR 1 COCKTAILSCHALE

1 Eine Cocktailschale im Tiefkühlfach vorkühlen.

2 4 bis 6 Eiswürfel in einen Shaker füllen. Limettensaft, Zuckersirup und Rum dazugeben, den Shaker verschließen und alles etwa 15 Sekunden kräftig schütteln.

3 Den Drink durch ein Barsieb in das vorgekühlte Glas gießen. Nach Belieben eine Limettenscheibe an den Glasrand stecken.

4 **Variante:** Für einen »Frozen Daiquiri« gibt man 2 cl Limettensaft mit 2 TL Zuckersirup, 5 cl weißem Rum und crushed ice in einen elektrischen Mixer. Das Ganze kurz durchmixen und dann in eine Cocktailschale absieben.

Zutaten

1 cl **Limettensaft**

1 TL **Zuckersirup**

5 cl weißer **Rum**

Limettenscheibe (zum Garnieren)

Zutaten

150 g **Ananasfruchtfleisch**

2 cl **Zitronensaft**

4 cl **Kokosmilch**

2 cl **Sahne**

6 cl weißer **Rum**

Piña Colada
mit frischer Ananas

Zubereitung
FÜR 1 COCKTAILGLAS

1 Ananasfruchtfleisch in grobe Würfel schneiden und in einen elektrischen Mixer geben. Zitronensaft, Kokosmilch, Sahne, Rum und etwas crushed ice dazugeben. Alles etwa 30 Sekunden gut durchmixen.

2 Den Drink in ein Glas geben und nach Belieben mit frischer Ananas oder einer Orangenscheibe garnieren.

3 **Variante:** Sie können die Piña Colada auch mit 6 cl Ananassaft herstellen anstatt mit frischer Ananas. Dann die Zutaten im Shaker mit Eiswürfeln etwa 20 Sekunden kräftig schütteln und durch ein Barsieb in ein Glas abgießen. Crushed ice dazugeben und sofort servieren.

Negroni
Horse's Neck

Drinks international: herbe Grüße aus Italien, der Heimat des Campari, und Amerika, der Wiege anspruchsvoller Cocktailkultur

Zutaten

Für den Negroni:

2 cl **Campari**

2 cl **Vermouth** rosso

1 cl **Gin**

1 Stück unbehandelte **Zitronen- oder Orangenschale**

Für den Horse's Neck:

5 cl **Bourbon Whiskey**

1 Spritzer **Angostura**

Ginger Ale (zum Auffüllen)

unbehandelte **Zitronenschale** (zum Garnieren)

Negroni

FÜR 1 APERITIFGLAS

1 Ein Glas mit einigen Eiswürfeln füllen. Campari, Vermouth und Gin dazugeben und kräftig umrühren.

2 Die Zitronen- oder Orangenschale über dem Glas ausdrücken, sodass die ätherischen Öle in den Drink tropfen (abspritzen), und die Schalen mit ins Glas geben.

3 **Variante:** Wenn man den Gin weglässt, erhält man einen weiteren Klassiker – den »Americano«.

Horse's Neck

FÜR 1 LONGDRINKGLAS

1 3 bis 4 Eiswürfel in ein Longdrinkglas geben, Whiskey und Angostura hinzufügen und gut umrühren.

2 Den Drink mit Ginger Ale auffüllen und die Zitronenschale in das Glas geben.

3 **Variante:** Wenn man den Angostura weglässt, erhält man den weniger bitteren »Bourbon Highball«.

COCKTAILSNACK

Für Frischkäsebällchen 200 g Doppelrahmfrischkäse mit 50 g geriebenem Parmesan und 1 EL Grappa verrühren. Zu walnussgroßen Bällchen formen. Einen Teil in Schnittlauchröllchen, den Rest in grob gemahlenen Walnüssen wälzen.

Frozen Margarita mit Limette

Zubereitung

FÜR 1 COCKTAILGLAS

1 Limettensaft, Orangenlikör, Tequila und Salz mit einer Hand voll crushed ice in einen elektrischen Mixer geben. Alles 1 bis 2 Minuten durchmixen.

2 Den Drink in ein Glas gießen und nach Belieben mit einer Spirale aus Limettenschale garnieren. Man kann diesen Cocktail auch leicht in einer größeren Menge zubereiten und eine ganze Partygesellschaft damit versorgen.

3 **Variante:** Einen ganz besonders frischen Cocktail, den »Springtime«, erhält man, wenn man 1 cl Limettensaft durch 1 cl Pfefferminzsirup ersetzt. Diesen Cocktail unbedingt mit frischer Minze und Limettenscheiben garnieren.

Zutaten

3 cl **Limettensaft**

2 cl **Orangenlikör**

4 cl **Tequila**

1 Prise **Salz**

Limettenschale (zum Garnieren)

Zutaten

7 cl **Ananassaft**

3 cl weißer **Rum**

2 cl **Blue Curaçao**

1 Stück **Ananas** (zum Garnieren)

Blue Lagoon
mit Rum

Zubereitung
FÜR 1 LONGDRINKGLAS

1 2 bis 3 Eiswürfel in ein Glas geben. Ananassaft und Rum dazugießen und mit einem Barlöffel oder einem anderen langstieligen Löffel kräftig umrühren.

2 Den Blue Curaçao über einen Löffelrücken vorsichtig auf den Drink gießen, nicht mehr umrühren. Das Ananasstück einschneiden und an den Glasrand stecken.

3 **Variante:** Den Drink mit 150 g frischem Ananasfruchtfleisch zubereiten. Dazu das Ananasfleisch in Stücke schneiden. Mit dem Rum und crushed ice in einen elektrischen Mixer geben und gut durchmixen. Die Flüssigkeit in das Glas füllen und dann den Curaçao hineingeben.

Caipirinha
Tequila Sunrise

Moderne Klassiker: Ob Cocktailbar, Lounge oder Gartenparty – diese beiden Cocktails sind garantiert mit von der Partie

Zutaten

Für den Caipirinha:

1 unbehandelte **Limette**

1–2 TL brauner **Zucker**

6 cl **Cachaça**

Caipirinha

FÜR 1 CAIPIRINHAGLAS

1 Limette heiß abwaschen, trockenreiben und in Schnitze schneiden. Die Limettenschnitze und den braunen Zucker in ein Glas geben und mit einem Stößel wie auf Seite 11 beschrieben zerdrücken.

2 Den Cachaça dazugeben und das Glas mit crushed ice auffüllen. Den Caipirinha mit Strohhalmen servieren.

Für den Tequila Sunrise:

4 cl **Tequila**

1 cl **Zitronensaft**

12 cl **Orangensaft**

1 cl **Grenadine**

Tequila Sunrise

FÜR 1 LONGDRINKGLAS

1 4 bis 6 Eiswürfel in einen Shaker füllen. Tequila, Zitronen- und Orangensaft dazugeben, den Shaker verschließen und alles etwa 15 Sekunden kräftig schütteln.

2 Einige Eiswürfel in ein Glas geben, den Drink durch ein Barsieb dazugießen. Grenadine vorsichtig über einen Löffelrücken in das Glas gießen. Nicht mehr umrühren und abwarten, bis der Sirup sich auf dem Glasboden abgesetzt hat.

COCKTAILSNACK

Für Salzmandeln 400 g Mandeln überbrühen, kalt abschrecken und häuten. Über Nacht trocknen lassen. Reichlich Öl erhitzen und die Mandeln darin goldbraun frittieren. Auf Küchenpapier abtropfen lassen und mit Salz bestreuen.

B 52
White Russian

Eine heiße Sache: Kaffeelikör und Hochprozentiges lassen es einem zu jeder Jahreszeit warm ums Herz werden

Zutaten

Für den B 52:

2 cl **Kaffeelikör** (z. B. Kahlúa)

2 cl **Irish Cream Likör** (z. B. Baileys)

2 cl hochprozentiger **Rum** (mindestens 54 % Vol.)

B 52
FÜR 1 APERITIFGLAS

1 Die Zutaten vorsichtig nacheinander über einen Löffelrücken in ein Glas gießen, sodass sie sich nicht vermischen und drei Schichten entstehen.

2 Den Drink anzünden und sofort mit einem Strohhalm trinken.

3 **Variante:** Anstatt hochprozentigem Rum kann auch Absinth verwendet werden.

Für den White Russian:

3 cl **Sahne**

3 cl **Wodka**

3 cl **Kaffeelikör** (z. B. Kahlúa)

White Russian
FÜR 1 KLEINES COCKTAILGLAS

1 Die Sahne schaumig aufschlagen. Etwa 6 Eiswürfel in ein Rührglas geben. Wodka und Kahlúa dazugeben und gut verrühren.

2 Den Drink durch ein Barsieb in ein Glas gießen. Die geschlagene Sahne darauf geben.

COCKTAILSNACK

Für Schoko-Fruchtspieße 2 geschälte Bananen und 2 Ananasringe in je 8 Stücke schneiden. Abwechselnd mit 8 Erdbeeren auf Holzspieße stecken. 200 g Schokolade schmelzen lassen. 1 cl Kahlúa unterrühren und die Spieße darin wenden.

Gin Fizz Grasshopper

Die Evergreens der Cocktailbar: Der variantenreiche Fizz und der cremige Grasshopper kommen nicht so schnell aus der Mode

Zutaten

Für den Gin Fizz:

3 cl **Zitronensaft**

2 cl **Zuckersirup**

5 cl **Gin**

Soda (zum Auffüllen)

Gin Fizz

FÜR 1 LONGDRINKGLAS

1 4 bis 6 Eiswürfel in einen Shaker füllen. Zitronensaft, Zuckersirup und Gin dazugeben, den Shaker verschließen und alles etwa 15 Sekunden kräftig schütteln.

2 Den Drink durch das Barsieb in ein Glas gießen, mit Soda auffüllen. Eventuell eine Zitronenscheibe an den Glasrand stecken.

3 **Varianten:** Mit Kirschbrand, weißem Rum oder Whiskey lassen sich weitere Fizz-Varianten mixen.

Für den Grasshopper:

4 cl **Sahne**

2 cl weißer **Kakaolikör**

1 cl grüner **Pfefferminzlikör**

Grasshopper

FÜR 1 WHISKEYGLAS

1 4 bis 6 Eiswürfel in einen Shaker füllen. Sahne und beide Liköre dazugeben, den Shaker verschließen und alles etwa 15 Sekunden kräftig schütteln.

2 Den Drink durch ein Barsieb in ein Glas gießen. Nach Belieben noch mit frischer Minze garnieren.

COCKTAILSNACK

Für gebackene Käsewürfel 400 g Schafskäse in Quadrate schneiden. 1 Ei mit Salz, Pfeffer und Oregano verquirlen. Käse erst im Ei wenden, dann rundherum in einer Mischung aus Haselnüssen und Semmelbröseln wälzen. In reichlich Öl frittieren.

Margarita
natural

Zubereitung
FÜR 1 COCKTAILSCHALE

1 Eine Cocktailschale zuerst im Tiefkühlfach vorkühlen und dann wie auf Seite 10 beschrieben mit einem Salzrand verzieren.

2 4 bis 6 Eiswürfel in einen Shaker füllen. Limettensaft, Orangenlikör und Tequila dazugeben, den Shaker verschließen und alles etwa 15 Sekunden kräftig schütteln.

3 Den Drink durch ein Barsieb in das vorbereitete Glas gießen und sofort servieren.

4 **Variante:** Anstatt Limettensaft kann für diesen Drink auch Zitronensaft verwendet werden, dann schmeckt die Margarita richtig sauer.

Zutaten

Limettensaft und **Salz** (zum Garnieren)

2 cl **Limettensaft**

1 cl **Orangenlikör**

3 cl **Tequila**

Zutaten

3 cl **Campari**

2 cl **Wodka**

1 Spritzer **Angostura**

unbehandelte **Zitronen**- oder **Orangenschale**

Campari Cocktail mit Wodka

Zubereitung

FÜR 1 COCKTAILSCHALE

1 4 bis 6 Eiswürfel in einen Shaker füllen. Campari, Wodka und Angostura dazugeben, den Shaker verschließen und alles etwa 15 Sekunden kräftig schütteln.

2 Den Drink durch ein Barsieb in die Cocktailschale gießen. Die Zitronen- oder Orangenschale über dem Drink ausdrücken, damit die ätherischen Öle in den Drink tropfen. Die Schale an den Glasrand stecken.

3 **Variante:** Ein weiterer Campari-Klassiker ist der »Campari Shakerato«. Dazu 5 cl Campari mit etwa einer Hand voll crushed ice im Shaker kräftig schütteln. Durch ein Barsieb in ein Aperitifglas oder eine Cocktailschale gießen und ein Stück Zitronenschale über dem Glas ausdrücken.

Strawberry Margarita
Munich Sunset

Karibik trifft Bavaria: eine heiße Mischung aus Tequila, Cachaça, Maracuja und Münchner Champagner-Schick

Zutaten

Für den Strawberry Margarita:

4 große **Erdbeeren**

2 cl **Limettensaft**

4 cl **Tequila** · 2 cl **Erdbeersirup**

Limettensaft und Zucker

(zum Garnieren)

Strawberry Margarita
FÜR 1 COCKTAILSCHALE

1 Erdbeeren mit Limettensaft, Tequila, Erdbeersirup und etwa einer Hand voll crushed ice in einem elektrischen Mixer pürieren.

2 Eine Cocktailschale wie auf Seite 10 beschrieben mit einem Zuckerrand verzieren. Den Drink vorsichtig in das vorbereitete Glas füllen.

3 **Variante:** Der Drink lässt sich gut mit tiefgekühlten Erdbeeren zubereiten. Gefrorene Beeren mit nur wenig crushed ice in den Mixer geben. Verwendet man anstatt dem Tequila Rum, erhält man einen »Strawberry Daiquiri«.

Für den Munich Sunset:

6 cl **Maracujasaft**

3 cl **Cachaça**

2 cl **Pfirsichlikör** (Peach Brandy)

Champagner (zum Auffüllen)

1 cl **Grenadine**

Munich Sunset
FÜR 1 LONGDRINKGLAS

1 4 bis 6 Eiswürfel in einen Shaker füllen. Maracujasaft, Cachaça und Likör dazugeben, den Shaker verschließen und alles etwa 15 Sekunden kräftig schütteln.

2 Das Glas zu einem Drittel mit crushed ice füllen. Den Drink durch ein Barsieb dazugießen und mit Champagner auffüllen. Grenadine vorsichtig in den Drink gießen und warten, bis sich der Sirup unten im Glas abgesetzt hat. Den Munich Sunset mit Strohhalm servieren.

Party-Drinks

Apotheke
Amaretto Cooler

Einfach cool: Durch ihre bittere Note sind diese beiden Cocktails super erfrischend – und das garantiert rezeptfrei

Zutaten

Für die Apotheke:

2 cl **Vermouth**

2 cl **Fernet Branca**

1 cl grüner **Pfefferminzlikör**

1 Spritzer **Angostura**

Für den Amaretto Cooler:

2 cl **Whisk(e)y** · 3 cl **Amaretto**

2 cl **Zitronensaft**

8 cl **Grapefruitsaft**

4 cl **Orangensaft**

Apotheke

FÜR 1 COCKTAILSCHALE

1 Etwa 6 Eiswürfel in ein Rührglas geben. Alle Zutaten dazugießen und mit einem Barlöffel kräftig umrühren.

2 Eine Cocktailschale mit crushed ice füllen. Den Drink durch ein Barsieb in das Glas gießen und nach Belieben mit einem Zweig frischer Minze garnieren.

Amaretto Cooler

FÜR 1 LONGDRINKGLAS

1 4 bis 6 Eiswürfel in einen Shaker füllen. Alle Zutaten dazugießen, den Shaker verschließen und etwa 15 Sekunden kräftig schütteln.

2 Den Drink durch ein Barsieb in ein Glas gießen und nach Belieben mit einer Zitronenscheibe am Glasrand garnieren.

3 **Variante:** Grapefruit sorgt für den bitteren Geschmack. Für eine süße Variante verwendet man je 6 cl Grapefruit- und Orangensaft.

COCKTAILSNACK

Für Lachscrostini 100 g Doppelrahmfrischkäse mit 1 Msp. abgeriebener Orangenschale, 1 EL Whiskey und 1 EL Orangensaft glatt rühren. Die Creme salzen, pfeffern und auf geröstete Toastecken streichen. Mit Räucherlachs belegen.

Blue Lady
Mai Tai

Ein Hauch von Exotik: Eine geheimnisvolle blaue Lady trifft den Cocktail der Superlative aus Tahiti

Zutaten

Für die Blue Lady:

4 cl **Gin**

2 cl **Blue Curaçao**

2 cl **Zitronensaft**

Cocktailkirsche (zum Garnieren)

Blue Lady

FÜR 1 KLEINES COCKTAILGLAS

1 4 bis 6 Eiswürfel in einen Shaker füllen. Gin, Blue Curaçao und Zitronensaft dazugeben, den Shaker verschließen und alles etwa 15 Sekunden kräftig schütteln.

2 Den Drink durch ein Barsieb in ein Glas gießen und die Cocktailkirsche dazugeben.

3 **Variante:** Für eine »White Lady« den Blue Curaçao durch Orangenlikör ersetzen.

Für den Mai Tai:

½ **Limette**

6 cl brauner **Rum**

2 cl **Orangenlikör**

je 1 cl **Zucker-** und **Mandelsirup**

Cocktailkirsche und **Limettenschnitz** (zum Garnieren)

Mai Tai

FÜR 1 LONGDRINKGLAS

1 Die Limette auspressen. Den Saft mit 4 bis 6 Eiswürfeln in einen Shaker geben. Rum, Orangenlikör, Zucker- und Mandelsirup dazugeben, den Shaker verschließen und alles etwa 15 Sekunden kräftig schütteln.

2 Einige Eiswürfel in ein Glas geben und den Drink durch ein Barsieb dazugießen. Nach Belieben mit einer Cocktailkirsche und einem Limettenschnitz garnieren.

3 **Variante:** Anstatt Orangenlikör wird auch häufig Aprikosenlikör für den Mai Tai verwendet.

Chi-Chi
mit Wodka

Zubereitung
FÜR 1 LONGDRINKGLAS

1 4 bis 6 Eiswürfel in einen Shaker füllen. Ananassaft, Wodka, Kokosmilch und Zitronensaft dazugeben, den Shaker verschließen und alles etwa 20 Sekunden kräftig schütteln.

2 Einige Eiswürfel in ein Glas geben und den Drink durch ein Barsieb dazugießen.

3 **Variante:** Noch exotischer wird dieser Cocktail, wenn man nur 6 cl Ananassaft und zusätzlich 2 cl Bananensaft verwendet. Nach Belieben dann noch etwas mehr Zitronensaft dazugeben.

Zutaten

8 cl **Ananassaft**

5 cl **Wodka**

4 cl **Kokosmilch**

2 cl **Zitronensaft**

Zutaten

6 cl **Ananassaft**

4 cl weißer **Rum**

2 cl **Limettensaft**

1 cl **Grenadine**

1 TL weißer **Pfefferminzlikör**

1 Spritzer **Angostura**

Florida Cocktail
mit Rum und Grenadine

Zubereitung
FÜR 1 WHISKEYGLAS

1 4 bis 6 Eiswürfel in einen Shaker füllen. Alle Zutaten dazugeben und etwa 15 Sekunden kräftig schütteln.

2 Den Drink durch ein Barsieb in ein Glas gießen. Nach Belieben einen Limettenschnitz an den Glasrand stecken. Den Florida Cocktail mit Strohhalm servieren.

3 **Variante:** Für einen »Florida Sling« 4 cl Gin, 2 cl Kirschlikör, 2 cl Zitronensaft, 1 cl Grenadine und 8 cl Ananassaft in einem Shaker auf Eis kräftig schütteln. Den Drink durch ein Barsieb in ein Longdrinkglas mit Eiswürfeln gießen.

Zombie
Long Island Ice Tea

Nicht nur für starke Männer: Die Verbindung aus hochprozentigem Alkohol und verschiedenen Säften lässt alle Partygäste schwach werden

Zutaten

Für den Zombie:

2 cl **Zitronensaft** · 1 cl **Grenadine**

je 3 cl **Orangen**- und **Ananassaft**

je 2 cl weißer und brauner **Rum**

2 cl hochprozentiger **Rum**

(mindestens 54 % Vol.)

2 cl **Kirschlikör**

Zombie

FÜR 1 LONGDRINKGLAS

1 4 bis 6 Eiswürfel in einen Shaker füllen. Alle Zutaten der Reihe nach dazugeben, den Shaker verschließen und alles etwa 15 Sekunden kräftig schütteln.

2 Einige Eiswürfel in ein Glas geben und den Drink durch ein Barsieb dazugießen. Nach Belieben eine Cocktailkirsche an den Glasrand stecken.

3 **Variante:** Zahm wird der Zombie, wenn man den hochprozentigen Rum weglässt.

Für den Long Island Ice Tea:

1 cl **Limettensaft**

2 cl **Orangensaft**

2 cl brauner **Rum**

2 cl **Wodka** · 2 cl **Gin**

1 cl **Orangenlikör**

Cola (zum Auffüllen)

Long Island Ice Tea

FÜR 1 LONGDRINKGLAS

1 4 bis 6 Eiswürfel in einen Shaker füllen. Die Säfte und Spirituosen dazugeben, den Shaker verschließen und alles etwa 15 Sekunden kräftig schütteln.

2 Einige Eiswürfel in ein Glas geben. Den Drink durch ein Barsieb dazugießen und mit Cola auffüllen.

3 Nach Belieben zur Garnitur eine Zitronenscheibe an den Glasrand stecken. Mit einem Strohhalm servieren.

Batida de Maracuja
Ginger Cocktail

Weniger ist mehr: zwei Cocktails, die mit wenig Alkohol auskommen, dafür aber durch aromatische Säfte und scharfen Ingwer viel Aroma bekommen

Zutaten

Für den Batida de Maracuja:

6 cl **Maracujasaft**

6 cl **Ananassaft**

2 cl **Limettensaft**

2 cl **Cachaça**

Batida de Maracuja

FÜR 1 LONGDRINKGLAS

1 4 bis 6 Eiswürfel in einen Shaker füllen. Säfte und Cachaça dazugeben, den Shaker verschließen und alles etwa 15 Sekunden kräftig schütteln.

2 Einige Eiswürfel in ein Glas geben und den Drink durch ein Barsieb dazugießen. Den Batida de Maracuja mit Strohhalmen servieren.

3 **Variante:** Anstatt Cachaça eignet sich auch Rum oder Tequila für diesen Cocktail.

Für den Ginger Cocktail:

4 cl **Orangensaft**

4 cl **Ananassaft**

3 cl **Pfirsichsaft**

2 cl **Limettensaft**

1 cl **Maracujasirup** · 4 cl **Tequila**

1 Prise **Ingwerpulver**

Ginger Cocktail

FÜR 1 LONGDRINKGLAS

1 4 bis 6 Eiswürfel in einen Shaker füllen. Säfte, Maracujasirup, Tequila und Ingwerpulver dazugeben, den Shaker verschließen und alles etwa 15 Sekunden kräftig schütteln.

2 Einige Eiswürfel in ein Glas geben und den Drink durch ein Barsieb dazugießen.

3 **Variante:** Anstatt Tequila eignet sich auch weißer Rum oder Cachaça für diesen Cocktail.

Sex on the beach
Coco de Martinique

Da werden karibische Träume wahr: Der Geschmack von Rum, Kokos, Ananas und Orange bringt Urlaubsstimmung nach Hause

Zutaten

Für den Sex on the beach:

4 cl **Aprikosenlikör**

4 cl **Wodka**

8 cl **Ananassaft**

4 cl **Orangensaft**

4 cl **Kirschsaft**

Sex on the beach

FÜR 1 GROSSES COCKTAILGLAS

1 4 bis 6 Eiswürfel in einen Shaker füllen. Likör, Wodka und Säfte dazugeben, den Shaker verschließen und alles etwa 15 Sekunden kräftig schütteln.

2 Einige Eiswürfel in ein Glas geben und den Cocktail durch ein Barsieb dazugießen.

3 **Variante:** Anstatt Kirschsaft eignet sich auch Cranberrysirup für den Cocktail.

Für den Coco de Martinique:

5 cl **Orangensaft**

8 cl **Ananassaft**

6 cl **Kokosmilch**

2 cl **Limettensaft**

je 2 cl weißer und brauner **Rum**

Coco de Martinique

FÜR 1 GROSSES COCKTAILGLAS

1 4 bis 6 Eiswürfel in einen Shaker geben. Orangen- und Ananassaft, Kokosmilch, Limettensaft und beide Rumsorten dazugeben. Shaker verschließen und alles etwa 20 Sekunden kräftig schütteln.

2 Etwas crushed ice in ein Cocktailglas geben und den Cocktail durch ein Barsieb darüber gießen.

3 **Variante:** Der Coco de Martinique schmeckt mit 2 cl Sahne noch cremiger.

Honolulu Juicer
mit Southern Comfort

Zubereitung
FÜR 1 WHISKEYGLAS

1 4 bis 6 Eiswürfel in einen Shaker füllen. Alle Zutaten dazugeben, den Shaker verschließen und alles etwa 15 Sekunden kräftig schütteln.

2 Einige Eiswürfel in ein Glas geben und den Drink durch ein Barsieb dazugießen.

3 Nach Belieben eine Cocktailkirsche und ein Stück Ananas auf einen Cocktailspieß stecken und den Cocktail damit garnieren.

4 **Variante:** Ein weiterer exotischer Cocktail mit Ananassaft ist der »Havanna Special«. Dafür 6 cl Ananassaft mit 1 cl Kirschlikör und 4 cl braunem Rum auf crushed ice im Shaker schütteln. In ein Whiskeyglas absieben und etwas crushed ice hineingeben.

Zutaten

2 cl **Zitronensaft**

2 cl **Limettensaft**

1 TL **Puderzucker**

6 cl **Ananassaft**

4 cl **Southern Comfort**

2 cl brauner **Rum**

Cocktailkirsche und **Ananas** (zum Garnieren)

Zutaten

4 cl **Ananassaft**

3 cl weißer **Rum**

3 cl **Blue Curaçao**

2 cl **Kokosmilch**

Ananasscheibe und **Cocktailkirsche**

(zum Garnieren)

Blue Hawaii
mit Kokosmilch

Zubereitung
FÜR 1 COCKTAILSCHALE

1 4 bis 6 Eiswürfel in einen Shaker füllen. Ananassaft, Rum, Blue Curaçao und Kokosmilch dazugeben, den Shaker verschließen und alles etwa 15 Sekunden kräftig schütteln.

2 Den Drink durch ein Barsieb in ein Glas gießen. Für die Garnitur die Ananasscheibe und die Cocktailkirsche auf ein Spießchen stecken und in das Glas geben.

3 **Variante:** Für eine weitere Kokosspezialität, den »Colada do Brazil«, jeweils 2 cl Sahne und Kokosmilch mit 6 cl Ananassaft, 2 cl weißem Rum und 4 cl Cachaça im Shaker auf crushed ice schütteln. Den Drink durch ein Barsieb in ein Cocktailglas gießen.

Mojito
Swimming Pool

Wie ein Sprung ins kühle Nass: Abkühlung garantieren der azurblaue Swimming Pool und viel frische Minze im Mojito

Zutaten

Für den Mojito:

3 cl **Limettensaft**

8 frische **Minzeblätter**

2 TL brauner **Zucker**

5 cl weißer **Rum**

1 Spritzer **Mineralwasser**

Mojito

FÜR 1 WHISKEYGLAS

1. Limettensaft, Minzeblätter und braunen Zucker in das Glas geben. Mit einem Stößel etwas zerdrücken, damit der Zucker sich löst und die Minzeblätter ihr Aroma entfalten.
2. Den Rum dazugießen und das Glas mit crushed ice auffüllen. Zum Schluss einen Schuss Mineralwasser dazugeben. Den Drink mit einem Minzezweig garnieren und mit Strohhalm servieren.
3. **Variante:** Der Mojito wird auch teilweise wie der Caipirinha mit ½ Limette (siehe Seite 11) zubereitet.

Für den Swimming Pool:

4 cl weißer **Rum** · 2 cl **Wodka**

2 cl **Kokoslikör**

1 cl **Sahne** · 4 cl **Ananassaft**

1 TL **Blue Curaçao**

Swimming Pool

FÜR 1 WHISKEYGLAS

1. 4 bis 6 Eiswürfel in den Shaker füllen. Alle Zutaten dazugeben, den Shaker verschließen und alles etwa 15 Sekunden kräftig schütteln.
2. Den Drink durch ein Barsieb in ein Glas gießen. Nach Belieben noch ein Stück Ananas als Garnitur an den Glasrand stecken.
3. **Variante:** Interessant sieht der Cocktail auch aus, wenn man den Blue Curaçao erst zum Schluss in die helle Flüssigkeit laufen lässt.

Erdbeerlimes
Pisco Sour

Immer wieder der Partyhit: der kleine fruchtige Erdbeerschnaps und die trendig-spritzige Weinbrand-Spezialität aus Chile

Zutaten

Für den Erdbeerlimes:

500 g **Erdbeeren** (tiefgekühlt)

25 cl **Wodka** · 3 cl **Limettensaft**

5 cl **Erdbeersirup**

15 cl **Sekt**

Erdbeerlimes

FÜR 1 LITER

1 Erdbeeren etwas antauen lassen und in einem elektrischen Mixer pürieren. Wodka, Limettensaft und Erdbeersirup dazugeben und nochmals kurz durchmixen.

2 Sekt dazugeben. Den Limes umrühren, in eine Flasche füllen und kalt stellen. Zum Servieren in kleine Schnapsgläser füllen. Der Limes eignet sich besonders gut für die große Partyrunde.

Für den Pisco Sour:

2 cl **Zitronensaft**

1 cl **Zuckersirup**

4 cl **Pisco**

Pisco Sour

FÜR 1 LONGDRINKGLAS

1 4 bis 6 Eiswürfel in den Shaker füllen. Alle Zutaten dazugeben, den Shaker verschließen und alles etwa 15 Sekunden kräftig schütteln.

2 Den Drink durch ein Barsieb in ein Glas gießen.

3 **Variante:** Wie der Pisco Sour lässt sich auch Whiskey, Gin oder Rum Sour zubereiten.

COCKTAILSNACK

Für Speckpflaumen 20 getrocknete Pflaumen mit je 1 Scheibe Frühstücksspeck umwickeln. Die Pflaumen auf ein mit Backpapier ausgelegtes Blech setzen und im auf 200 °C vorgeheizten Ofen in etwa 8 Minuten kross backen.

Sweet Cherry mit Grappa

Zubereitung

FÜR 1 LITER BOWLE

1 Die Kirschen waschen. Einige schöne Früchte beiseite legen, restliche Kirschen entstielen, entsteinen und in ein Bowlegefäß geben. Grappa darüber gießen und die Kirschen darin einige Stunden ziehen lassen.

2 Bowle erst kurz vor der Weiterverwendung mit eiskaltem Sekt aufgießen. Zum Servieren etwas Bowle in Stielgläser füllen und mit einem Zweig frischer Minze garnieren.

3 **Variante:** Für eine rote Waldbeerbowle 400 g gemischte Waldbeeren (tiefgekühlt) in ein Bowlegefäß geben und in 1/2 l Wodka einlegen. Die Beerenmischung mit 1/2 l eiskaltem Kirschsaft, 1 Flasche Weißwein und 1 Flasche Sekt aufgießen.

Zutaten

400 g **Kirschen**

4 cl **Grappa**

Sekt (zum Auffüllen)

Minze (zum Garnieren)

Zutaten

je ¼ **Cantaloup-**, **Honig-** und **Wassermelone**

2 cl **Orangenlikör**

1 Flasche **Weißwein**

1 Zweig frische **Minze**

1 Flasche eiskalter **Sekt**

Melonen-Drink mit Orangenlikör

Zubereitung

FÜR 1,5 LITER BOWLE

1 Mit einem Kugelausstecher aus den verschiedenen Melonensorten kleine Kugeln ausstechen und in ein Bowlegefäß geben.

2 Orangenlikör, Weißwein und Minze dazugeben. Das Gefäß abdecken und für 2 bis 3 Stunden kalt stellen.

3 Kurz vor dem Servieren den Sekt dazugießen. Bowle in Aperitifgläser gießen und mit einem Löffel servieren.

4 **Variante:** Ein weiterer Party-Klassiker ist die Sangria. Dazu 500 g Pfirsich- und 300 g Ananasfruchtfleisch in Stücke schneiden. 3 Orangen filetieren und klein schneiden. Das Obst in ein Bowlegefäß geben. Mit 4 cl Orangenlikör, dem Saft 1 Zitrone und 2 Flaschen Rotwein begießen und kalt stellen. Vor dem Servieren mit 1 Flasche Sekt begießen.

Absinth Minded
Absinth Alligator

Der Reiz des Verbotenen: Was früher noch verrucht und verboten war, ist jetzt in jeder Cocktailbar der kultige Renner

Zutaten

Für den Absinth Minded:

2 cl **Absinth**

2 TL **Himbeerpüree**

1 cl **Pfirsichlikör**

2 cl **Orangensaft**

frische **Himbeeren** (zum Garnieren)

Absinth Minded
FÜR 1 COCKTAILSCHALE

1 4 bis 6 Eiswürfel in einen Shaker füllen. Absinth, Himbeerpüree, Pfirsichlikör und Orangensaft dazugeben, den Shaker verschließen und alles etwa 15 Sekunden kräftig schütteln.

2 Etwas crushed ice in die Cocktailschale geben. Den Drink durch ein Barsieb dazugießen. Die frischen Himbeeren in den Drink geben und nach Belieben noch mit Pfirsichspalten garnieren.

3 **Variante:** Wer es nicht ganz so stark mag, kann den Cocktail auch mit einem anderen Anislikör (z. B. Pernod oder Ricard) zubereiten.

Für den Absinth Alligator:

6 cl **Orangensaft**

6 cl **Maracujasaft**

2 cl **Absinth** · 2 cl **Blue Curaçao**

Orangenscheiben (zum Garnieren)

Absinth Alligator
FÜR 1 LONGDRINKGLAS

1 Etwa 6 Eiswürfel in ein Rührglas geben. Alle Zutaten dazugießen und mit einem Barlöffel kräftig umrühren.

2 Einige Eiswürfel in ein Glas geben und den Drink durch ein Barsieb dazugießen.

3 Als Garnitur die Orangenscheiben auf ein Cocktailspießchen stecken und auf das Glas legen.

Ohne Alkohol

Mint Cooler
Sportivo

Sauer macht lustig: Limetten-, Zitronen- und Grapefruitsaft garantieren viel Spaß und gute Laune

Zutaten

Für den Mint Cooler:

6 cl **Ananassaft**

2 cl **Limettensaft**

2 cl grüner **Pfefferminzsirup**

Tonic Water (zum Auffüllen)

Mint Cooler

FÜR 1 LONGDRINKGLAS

1 2 bis 3 Eiswürfel in ein Glas geben. Ananassaft, Limettensaft und Pfefferminzsirup darüber gießen und umrühren.

2 Das Glas mit eiskaltem Tonic Water aufgießen. Den Mint Cooler nach Belieben mit frischer Minze garnieren.

3 **Variante:** Der Drink schmeckt auch, wenn man ihn mit Mineralwasser aufgießt. Dann allerdings 8 cl Ananassaft verwenden.

Für den Sportivo:

1 cl **Zitronensaft**

8 cl **Grapefruitsaft**

8 cl **Ananassaft**

1 cl **Mandelsirup**

Sportivo

FÜR 1 LONGDRINKGLAS

1 4 bis 6 Eiswürfel in einen Shaker füllen. Säfte und Mandelsirup dazugießen, den Shaker verschließen und alles etwa 15 Sekunden kräftig schütteln.

2 Einige Eiswürfel in ein Glas geben. Den Drink durch ein Barsieb dazugießen. Nach Belieben eine Limettenscheibe einschneiden und an den Glasrand stecken.

3 **Variante:** Wer es nicht gerne bitter mag, verwendet Orangensaft anstatt Grapefruitsaft.

Teatime
Golden Nugget

Cocktails mit Suchtfaktor: Schwarzer Tee sorgt für den Coffeinkick und die Limetten-Maracuja-Mischung versetzt in einen Goldrausch

Zutaten

Für den Teatime:

6 cl kalter **Schwarztee**

3 cl **Orangensaft**

1 cl **Limettensaft** · 1 cl **Grenadine**

Teatime
FÜR 1 COCKTAILSCHALE

1 4 bis 6 Eiswürfel in einen Shaker füllen. Schwarztee, Orangensaft, Limettensaft und Grenadine dazugeben, den Shaker verschließen und alles etwa 15 Sekunden kräftig schütteln.

2 Den Drink durch ein Barsieb in ein Glas gießen.

Für den Golden Nugget:

2 cl **Limettensirup**

2 cl **Zitronensaft**

6 cl **Maracujasaft**

Mineralwasser (zum Auffüllen)

Golden Nugget
FÜR 1 LONGDRINKGLAS

1 4 bis 6 Eiswürfel in einen Shaker füllen. Limettensirup, Zitronen- und Maracujasaft dazugeben, den Shaker verschließen und alles etwa 15 Sekunden kräftig schütteln.

2 Einige Eiswürfel in ein Glas geben und den Inhalt des Shakers durch ein Barsieb dazugießen. Den Drink mit eiskaltem Mineralwasser auffüllen.

COCKTAILSNACK

Für Schafskäsecrostini 200 g Schafskäse, 4 getrocknete, eingelegte Tomaten, 100 g Walnusskerne, 2 EL Öl und 2 EL Wasser im Mixer pürieren. Creme mit Salz, Pfeffer und Cayennepfeffer abschmecken. Auf geröstete Baguettescheiben streichen.

Almond Cocktail
mit Bitter Lemon

Zubereitung
FÜR 1 KLEINES COCKTAILGLAS

1 Etwa 6 Eiswürfel in ein Rührglas füllen. Zitronensaft und Mandelsirup dazugeben und kräftig umrühren.

2 Einige Eiswürfel in ein Glas geben. Den Drink durch ein Barsieb dazugießen und mit Bitter Lemon auffüllen. Die Zitronenscheibe einschneiden, an den Glasrand stecken und die Cocktailkirsche in den Drink geben.

3 **Variante:** Für eine alkoholische Variante gibt man zusätzlich noch 2 cl Rum oder 2 cl Wodka in das Rührglas. Anstatt Bitter Lemon schmeckt auch Tonic Water zum Auffüllen des Cocktails.

Zutaten

1 cl **Zitronensaft**

1 cl **Mandelsirup**

Bitter Lemon (zum Auffüllen)

Zitronenscheibe und **Cocktailkirsche**

(zum Garnieren)

Zutaten

½ **Limette**

2 cl **Grenadine**

2 cl **Mangosirup**

Mineralwasser (zum Auffüllen)

Sparkling Fruits mit Limette

Zubereitung

FÜR 1 LONGDRINKGLAS

1 Einige Eiswürfel in das Glas geben. Die Limette in Schnitze schneiden und über dem Glas ausdrücken, die Schnitze nicht wegwerfen.

2 Grenadine und Mangosirup ins Glas geben und mit einem Barlöffel kräftig umrühren.

3 Den Drink mit Mineralwasser auffüllen, die Limettenschnitze ins Glas geben. Mit Strohhalm servieren.

4 **Variante:** Wer einen Schuss Alkohol in diesem Drink haben möchte, gibt noch 4 cl Tequila oder Rum mit dem Sirup dazu.

Mint Lemonade
Mexican Lover

Für heiße Nächte: Wer lässt sich da nicht gerne von zwei kühlen, frischen Cocktails verführen

Zutaten

Für die Mint Lemonade:

1 **Limette**

1–2 TL **Puderzucker**

6 **Minzeblätter**

1 cl grüner **Pfefferminzsirup**

1 Schuss **Mineralwasser**

Mint Lemonade

FÜR 1 WHISKEYGLAS

1 Die Limette auspressen und den Saft in ein Glas geben. Puderzucker im Limettensaft auflösen. Die Minzeblätter und den Pfefferminzsirup dazugeben und kurz umrühren.

2 Den Drink mit einem Schuss Mineralwasser aufgießen und nach Belieben noch ein paar Limettenschnitze in den Drink geben.

3 **Variante:** Die Limette in Schnitze schneiden. Mit 1 bis 2 TL braunem Zucker und den Minzeblättern zerdrücken (siehe Seite 11). Zum Schluss mit Mineralwasser auffüllen.

Für den Mexican Lover:

3 cl **Limettensaft**

4 cl **Orangensaft**

10 cl **Eistee**

Mexican Lover

FÜR 1 LONGDRINKGLAS

1 Einige Eiswürfel in ein Glas geben. Limetten-, Orangensaft und Eistee dazugeben und mit einem Barlöffel kurz umrühren.

2 Nach Belieben noch einige frische Limettenschnitze in den Drink geben oder eine Limettenscheibe an den Glasrand stecken.

COCKTAILSNACK

Für Bananenchips 2 Kochbananen in sehr feine Scheiben schneiden. Die Bananenscheiben in reichlich Öl goldbraun frittieren. Chips auf Küchenpapier abtropfen lassen, mit Salz und nach Belieben mit Curry würzen.

Sportsman Kiwi Mix

Der flüssige Vitaminschub: nimmt jedem grauen Regentag den Frust und jeder Erkältung den Wind aus den Segeln

Zutaten

Für den Sportsman:

2 cl frisches **Erdbeerpüree**

½ cl **Erdbeersirup**

1 cl **Zitronensaft**

je 6 cl **Ananas**- und **Maracujasaft**

3 cl **Grapefruitsaft**

Sportsman

FÜR 1 LONGDRINKGLAS

1 4 bis 6 Eiswürfel in einen Shaker füllen. Erdbeerpüree und -sirup sowie die Säfte dazugeben, den Shaker verschließen und alles etwa 15 Sekunden kräftig schütteln.

2 Einige Eiswürfel in ein Glas geben. Den Drink durch ein Barsieb dazugießen.

3 **Variante:** Frische Erdbeeren können sehr gut püriert und eingefroren werden. Man kann das Erdbeerpüree jedoch auch durch 1 cl Erdbeersirup und 2 cl Zitronensaft ersetzen.

Für den Kiwi Mix:

1 reife **Kiwi**

6 cl **Ananassaft**

1 cl **Zitronensaft**

1 cl **Zuckersirup**

½ cl **Curaçao Blue Sirup**

Kiwi Mix

FÜR 1 LONGDRINKGLAS

1 Die Kiwi schälen, klein schneiden und in einem elektrischen Mixer fein pürieren.

2 Das Kiwipüree mit den übrigen Zutaten und 3 bis 4 Eiswürfeln in einen Shaker füllen, den Shaker verschließen und alles 15 Sekunden kräftig schütteln.

3 Das Glas mit einigen Eiswürfeln füllen und den Cocktail durch ein Barsieb dazugießen.

Shirley Temple
mit Grenadine

Zubereitung
FÜR 1 APERITIFGLAS

1 Die Sahne schaumig aufschlagen.

2 Einige Eiswürfel in ein Glas geben. Zitronenlimonade und Ginger Ale darüber gießen. Einen Spritzer Grenadine dazugeben und den Drink mit einem Barlöffel kräftig umrühren.

3 Die geschlagene Sahne mit einem Löffel vorsichtig auf den Drink geben.

4 **Variante:** Wenn's doch alkoholisch sein soll, 4 cl Wodka mit den Softdrinks mischen, dann die Grenadine dazugeben und zum Schluss die Sahne darüber geben.

Zutaten

3 cl **Sahne**

6 cl **Zitronenlimonade**

6 cl **Ginger Ale**

1 Spritzer **Grenadine**

Zutaten

4 cl **Curaçao Blue Sirup**

2 cl **Limettensaft**

Bitter Lemon (zum Auffüllen)

Cocktailkirsche und **Minze**

(zum Garnieren)

Blue Lemon

mit bitterer Note

Zubereitung

FÜR 1 LONGDRINKGLAS

1 Einige Eiswürfel in ein Glas füllen. Den Curaçao Blue Sirup und den Limettensaft dazugeben. Mit einem Barlöffel kräftig umrühren.

2 Den Drink mit Bitter Lemon auffüllen und mit Cocktailkirsche und frischer Minze garnieren.

3 **Variante:** Noch sommerlicher und frischer wird das Getränk, wenn man 1 Kugel Zitronensorbet mit ins Glas gibt. Der Drink kann dann auch als Dessert serviert werden. Eine alkoholische Variante erhält man, wenn man noch 4 cl Wodka dazugibt.

Ananas-Bananen-Shake
Mango Smoothie

Nicht nur zum Frühstück: Diese beiden Drinks haben es in sich und sind so wertvoll wie eine kleine Zwischenmahlzeit

Zutaten

Für den Ananas-Bananen-Shake:

1 **Banane**

250 g **Ananasfruchtfleisch**

300 ml **Milch**

Für den Mango Smoothie:

½ **Mango**

2 cl **Limettensaft**

Mineralwasser (zum Auffüllen)

Ananas-Bananen-Shake
FÜR 2 LONGDRINKGLÄSER

1 Die Banane schälen. Ananas und Banane in grobe Stücke schneiden und in einem elektrischen Mixer mit einer Hand voll crushed ice fein pürieren.

2 Die Milch dazugeben und nochmals kurz durchmixen. Den Drink auf 2 Gläser verteilen und nach Belieben mit frischen Ananasspalten garnieren.

Mango Smoothie
FÜR 2 LONGDRINKGLÄSER

1 Die Mango schälen, klein schneiden und in einem elektrischen Mixer mit einer Hand voll crushed ice fein pürieren. Den Limettensaft dazugeben und nochmals kurz durchmixen.

2 Das Mangopüree auf 2 Gläser verteilen. Mit Mineralwasser auffüllen und nach Belieben mit einer Mangospalte garnieren.

3 **Variante:** Wenn's doch alkoholisch sein soll, passt ein Schuss weißer Rum gut in diesen Drink.

Cherry Colada
Ginger Melon

Hot and sweet: Die Kombination von fruchtig-scharf und cremig-süß sorgt für das ultimative Geschmackserlebnis

Zutaten

Für die Cherry Colada:

2 cl **Kokossirup** · 1 cl **Sahne**

6 cl **Ananassaft**

1 cl **Zitronensaft**

8 cl **Kirschsaft**

1 cl **Kirschsirup**

Cherry Colada

FÜR 1 LONGDRINKGLAS

1 4 bis 6 Eiswürfel in einen Shaker füllen. Kokossirup, Sahne, Säfte und Kirschsirup dazugeben, den Shaker verschließen und alles etwa 15 Sekunden kräftig schütteln.

2 Einige Eiswürfel in ein Glas geben und den Drink durch ein Barsieb dazugießen.

3 **Variante:** Für eine alkoholhaltige Cherry Colada noch 2 bis 4 cl weißen Rum dazugeben.

Für den Ginger Melon:

1/8 **Honigmelone**

(ca. 150 g Fruchtfleisch)

1 haselnussgroßes Stück **Ingwer**

1 cl **Zuckersirup**

Tonic Water (zum Auffüllen)

Ginger Melon

FÜR 1 COCKTAILGLAS

1 Das Fruchtfleisch der Honigmelone aus der Schale lösen und in einen elektrischen Mixer geben. Den Ingwer schälen und durch eine Knoblauchpresse dazudrücken. Zuckersirup dazugeben und alles fein pürieren.

2 Einige Eiswürfel in ein Glas füllen. Das Fruchtpüree durch ein Sieb in das Glas streichen. Den Drink mit Tonic Water auffüllen und nach Belieben mit einem Schnitz frischer Melone garnieren.

Bananen-Feigen-Shake
mit Buttermilch

Zubereitung
FÜR 2 LONGDRINKGLÄSER

1 Die Banane schälen. 3 bis 4 Scheiben abschneiden und diese in kleine Würfel schneiden. Mit dem Limettensaft beträufeln und für die Garnitur beiseite stellen. Restliche Banane grob zerkleinern.

2 Die Feigen halbieren, das Fruchtfleisch mit einem kleinen Löffel herausnehmen und zusammen mit den Bananenstücken, Vanillemark, Zimt und der Buttermilch in einem elektrischen Mixer fein pürieren.

3 Mineralwasser vorsichtig unterrühren und den Bananen-Feigen-Shake in 2 Gläser füllen. Bananenwürfel in die Gläser geben und den Shake mit Strohhalmen servieren.

4 **Variante:** Der Drink schmeckt auch mit Joghurt anstatt Buttermilch sehr lecker.

Zutaten

1 reife **Banane**

1 cl **Limettensaft**

2 reife **Feigen**

Mark von 1 **Vanilleschote**

1/4 TL **Zimtpulver**

200 ml **Buttermilch**

150 ml stilles **Mineralwasser**

Zutaten

1 **Orange**

1 reife **Birne**

2 EL **Birnendicksaft**

1 EL flüssiger **Honig**

Mineralwasser (zum Auffüllen)

Birnen-Drink mit Orange

Zubereitung

FÜR 2 LONGDRINKGLÄSER

1 Die Orange halbieren und auspressen. Die Birne vierteln, entkernen und klein schneiden.

2 Birnenstücke, Orangensaft, Birnendicksaft und Honig in einen elektrischen Mixer geben und fein pürieren.

3 Den Birnen-Drink auf 2 Gläser verteilen, mit Mineralwasser auffüllen und mit Strohhalmen servieren.

4 **Variante:** Wer es gerne gehaltvoll mag, mixt den Drink mit 200 ml eiskalter Buttermilch. Er ist dann auch ein nahrhaftes Frühstücksgetränk.

Frozen Peach Daiquiri
Pussy Foot

Klassiker mit null Promille: Nicht nur der Alkoholgehalt macht einen Cocktail zum beliebten Bargetränk

Zutaten

Für den Frozen Peach Daiquiri:

1/4 reifer **Pfirsich**

2 cl **Limettensaft**

1 TL **Puderzucker**

5 cl **Pfirsichsaft**

Limettensaft und **Zucker** (zum Garnieren)

Frozen Peach Daiquiri
FÜR 1 COCKTAILSCHALE

1 Den Pfirsich in grobe Stücke schneiden und in einen elektrischen Mixer geben. Limettensaft, Puderzucker, Pfirsichsaft und eine Hand voll crushed ice dazugeben und alles fein pürieren.

2 Eine Cocktailschale wie auf Seite 10 beschrieben mit einem Zuckerrand verzieren. Den Frozen Peach Daiquiri vorsichtig in die Cocktailschale füllen. Nach Belieben noch mit einem Stück frischem Pfirsich garnieren.

3 **Variante:** Für diesen Cocktail eignen sich verschiedene Früchte und Beeren, so auch Aprikosen, Himbeeren oder Erdbeeren.

Für den Pussy Foot:

2 cl **Grenadine**

6 cl **Orangensaft**

6 cl **Grapefruitsaft**

6 cl **Ananassaft**

Pussy Foot
FÜR 1 LONGDRINKGLAS

1 4 bis 6 Eiswürfel in einen Shaker füllen. Grenadine und die Säfte dazugeben, den Shaker verschließen und alles etwa 15 Sekunden kräftig schütteln.

2 Ein Glas mit 2 bis 3 Eiswürfeln füllen und den Cocktail durch ein Barsieb dazugießen.

COCKTAILSNACK

Für Käsespieße 200 g Schafskäse in Würfel schneiden. 2 Zucchini putzen, der Länge nach in dünne Scheiben schneiden. Frühstücksspeckscheiben (200 g) mit je 1 Zucchinischeibe und 1 Schafskäsewürfel belegen. Aufwickeln und in heißem Öl braten.

Rezeptregister

Impressum

1. Auflage 2003
ISBN 3-89883-052-7

Grafische Gestaltung: Georg Feigl, Verena Fleischmann, Barbara Markwitz
Rezepte: ZS-Team
Redaktion: Beate Pfeiffer, Edelgard Prinz-Korte
Herstellung: Karin Mayer, Peter Karg-Cordes
Lithografie: inteca Media Service GmbH, Rosenheim
Druck & Bindung: Officine Grafiche De Agostini, Novara

Wir danken der Firma WMF für die großzügige Bereitstellung der Tisch- und Wohnaccessoires für die Fotoaufnahmen.

Bildnachweis

Umschlagfotos: Walter Cimbal (Vorderseite); Jo Kirchherr (Rückseite rechts); StockFood/Susie Eising (Rückseite links und Mitte)

Jo Kirchherr: 7 (4), 10–11, 21, 25, 27, 41, 43, 45, 53, 55, 58, 61, 63, 67, 69, 73, 77, 79, 83, 85, 89, 91, 95,

StockFood/Chris Alack: 8 (2); StockFood/Gerhard Bumann: 8 (1), 9 (3); StockFood/Brett Danton: 9 (4); StockFood/Susie Eising: 8–9 (3), 18, 19, 22, 23, 34, 35, 38, 39, 46, 47, 56, 57, 64, 65, 70, 81; StockFood/S. & P. Eising: 71, 92, 93; StockFood/Renato Marcialis: 2–3, 4–5, 8, 80; StockFood/Jörn Rynio: 86, 87;
WMF AG: 6–7 (1, 2, 3, 5)